BEI GRIN MACHT SICH IHR WISSEN BEZAHLT

AF167944

- Wir veröffentlichen Ihre Hausarbeit,
  Bachelor- und Masterarbeit

- Ihr eigenes eBook und Buch -
  weltweit in allen wichtigen Shops

- Verdienen Sie an jedem Verkauf

Jetzt bei www.GRIN.com hochladen
und kostenlos publizieren

Bibliografische Information der Deutschen Nationalbibliothek:

Die Deutsche Bibliothek verzeichnet diese Publikation in der Deutschen National-bibliografie; detaillierte bibliografische Daten sind im Internet über http://dnb.d-nb.de/ abrufbar.

Impressum:

Copyright © 2019 GRIN Verlag
Druck und Bindung: Books on Demand GmbH, Norderstedt Germany
ISBN: 9783346155047

Dieses Buch bei GRIN:

https://www.grin.com/document/542714

Lisa Mertens

Der Zusammenhang zwischen Determinanten des Kaufverhaltens, Kaufentscheidungstypen und Arten der psychologischen Marktforschung

GRIN Verlag

GRIN - Your knowledge has value

Der GRIN Verlag publiziert seit 1998 wissenschaftliche Arbeiten von Studenten, Hochschullehrern und anderen Akademikern als eBook und gedrucktes Buch. Die Verlagswebsite www.grin.com ist die ideale Plattform zur Veröffentlichung von Hausarbeiten, Abschlussarbeiten, wissenschaftlichen Aufsätzen, Dissertationen und Fachbüchern.

Besuchen Sie uns im Internet:

http://www.grin.com/

http://www.facebook.com/grincom

http://www.twitter.com/grin_com

Einsendeaufgabe

Alternative A

Abgegeben am 10.12.2019 im Prüfungssekretariat

SRH Fernhochschule

Modul: Rahmenbedingungen der Markt- und Werbepsychologie

Studiengang: Wirtschaftspsychologie (B. Sc.)

von

Lisa Mertens

Studiengang: Wirtschaftspsychologie (B. Sc.)

Inhaltsverzeichnis:

Abbildungsverzeichnis

Aufgabe 1

Aktivierung, Emotion, Motivation und Einstellung sind entscheidende psychische Determinanten des Konsumverhaltens, da ein Zusammenwirken dieser Konstrukte zu erhöhter Kaufbereitschaft führt und demnach die wirksame Gestaltung und Evaluation von Marketingmaßnahmen ermöglicht.

Abbildung 1: Zusammenhang zwischen Aktivierung, Emotion, Motivation und Einstellung (eigene Darstellung nach Foscht, Swoboda, Schramm-Klein, 2017)

Aktivierung: Die Grunddimensionen der Konstrukte Emotion, Motivation und Einstellung ist die Aktivierung. Sie umfasst sämtliche innere Vorgänge, die mit Erregung und Spannung verbunden sind. Ein Organismus wird dadurch mit Energie versorgt und versetzt diesen in einen Zustand der Leistungsfähigkeit und -bereitschaft (Kroeber-Riel, Gröppel-Klein 2013, S. 55 ff.). Diese aufmerksamkeitssteigernden, zentralnervösen Erregungsmuster werden durch externe Reize aus der Umwelt ausgelöst und beeinflussen so das Verhalten sowie kognitive Komponenten wie die Aufnahme, Verarbeitung und Speicherung von Informationen.

Aktivierung tritt entweder tonisch oder phasisch auf. Die phasische Aktivierung beschreibt dabei die kurzfristigen Aktivierungsschwankungen, die curch die Aufnahme eines Reizes auftritt. Dieses psychologische Phänomen ist in der Markt- und Werbepsychologie bedeutsam, da es eine Vorhersagbarkeit der Aufmerksamkeit bzw. die Kaufbereitschaft des Konsumenten erlaubt (Foscht, Swoboda, Schramm-Klein, 2015, 37 f.). Vor allem in der Werbebranche werden Reizsituationen bewusst erschaffen, um im Wettbewerb aufzufallen und die Anzahl der Kundenkontakte zu steigern.

Zur Aktivierung des Konsumenten stehen eine Reihe von äußeren Reizen zur Auswahl. In der Wechselwirkung von emotionalen, gedanklichen oder physischen Reizen können Werbebotschaften auf unterschiedlichem Wege dargeboten werden (Foscht, Swoboda, Schramm-Klein, 2015, S. 41). Die Grundvoraussetzung für die Aktivierung ist jedoch die Entschlüsselung beziehungsweise die Interpretation der Reize. Das beworbene Produkt muss eine persönliche Relevanz für den Käufer besitzen, da die Filterfunktion der Aufmerksamkeit unbedeutsame Reize im Vorfeld ausblendet, wenn sie für die Person nicht nützlich sind (Kroeber-Riel, Gröppel-Klein, 2013, S. 61).

Die emotionalen beziehungsweise affektiven Stimuli eignen sich im folgenden Beispiel sehr gut zur Aktivierung von Konsumenten. In der ikonischen TV-Bierwerbung von Schöfferhofer Weizen, aus dem Jahr 1997, werden emotionale Reize bewusst gesetzt, um vor allem männliche Konsumenten zu aktivieren. Eine einnehmende, weibliche Stimme mit französischem Akzent liest eine Nachricht an einen Mann namens Harald vor, in welcher sie die Geschehnisse der letzten Nacht andeutet. Sie bittet ihn, ihr Dinge, wie beispielsweise ein parfümiertes Hemd, zu schicken, die sie an ihn erinnern – unter anderem eine Flasche Schöfferhofer Weizen, die im Kontext mit einem nackten Bauch einer Frau in Reizwäsche und dem Verkaufsargument „Prickelt länger als man trinkt" angezeigt wird.

Nach Berlyne (1974) eignen sich solche femininen erotischen Reize hervorragend für die Gewinnung von Aufmerksamkeit da diese das biologisch determinierte Programm der Fortpflanzung auslösen.

Emotionen: Zur Abgrenzung von anderen psychologischen Konstrukten postulieren Brosch und Eder (2017) drei wesentliche Merkmale von Emotionen. Emotionales Erleben ist stets affektiv. Dies bedeutet, dass das Empfinden von Ärger, Angst, Freude und anderen Gefühlen dem Erlebnis einen Gefühlscharakter verleiht. Die dabei bewusst oder unbewusst wahrgenommene Angenehmheit oder Unangenehmheit wird als Valenz bezeichnet. Die Intentionalität emotionalen Erlebens, die Objektgerichtetheit, muss sich dabei nicht zwingend auf einen tatsächlichen Sachverhalt richten, sondern auch auf Gedanken oder antizipierte, zukünftige Ereignisse (Brosch & Eder, 2017, S. 188).

Einer der populärsten Emotionstheorien der Markt- und Werbepsychologie basiert auf den evolutionspsychologischen Theorien Darwins. Sie erklären, weshalb Menschen auf bestimmte Reize weitgehend automatisch und einheitlich reagieren (Kroeber-Riel, Gröppel-Klein, 2013). Die Manipulation von Emotionen wird im Marketing in erster Linie in der Werbebranche verwendet. Emotionen werden im Marketing in erster Hinsicht in der Werbung verwendet. In den sogenannten „feeling ads", geht es, im Gegensatz zu den „thinking ads" darum, Werbung so zu gestalten, dass das gezielte Auslösen von Emotionen das Fehlen von sachhaltigen Informationen kompensieren und den Konsumenten auf seine emotionalen Bedürfnisse ansprechen soll. Das Interesse für das Produkt wird demnach durch das Erzeugen eines Bedürfnisses geweckt. Dies vor allem bei Produkten der Fall, die oft nur sehr wenig oder gar keine Unterschiede zu Konkurrenzprodukten haben ((Bagozzi, Gopinath, Nyer, 1999). Dies ist vor allem in der Lebensmittelindustrie der Fall, aus welcher folgendes Beispiel näher beleuchtet werden soll.

Im aktuellen Werbespot für die Biermarke „Wernesgrüner" tragen Freunde gemeinsam eine Kiste mit der Aufschrift „Wernesgrüner" in einen Park zu einer kleineren Personengruppe. Die Sonne scheint und die Gruppe hat eine schöne Zeit, während sie gemeinsam ein kühles Bier genießen. Bei schätzungsweise 6000 Biermarken allein in Deutschland ist es mitunter schwer, den Konsumenten von der Qualität der verwendeten Zutaten oder des Herstellungsverfahrens rational zu überzeugen, dieses Bier anstelle eines anderen zu bevorzugen. Das Wesen von Emotionen wird sich zu Nutze gemacht, indem die Bedürfnisse von Freude, sozialem Zusammenhalt, Anerkennung und Entspannung präsentiert werden – der Name des Produktes immer gut sichtbar und begleitet von positiven emotionalen Assoziationen und visuellen Reizen.

Motivation: Das Konstrukt Motivation umfasst alle Prozesse, die körperliche sowie mentale Aktivitäten auslösen, steuern und aufrechterhalten (Gerrig 2016). Motivationsprozesse sind dadurch gekennzeichnet, dass sie durch Aktivierung initiiert werden, auf ein Ziel gerichtet sind und mit Intensität und Ausdauer verfolgt werden. Vor allem der Aspekt der Zielgerichtetheit grenzt die Motivation, aufgrund der kognitiven Komponente, von der Emotion ab (Foscht, Swoboda, Schramm-Klein, 2015, S. 55). Intensität und Ausdauer bestimmt außerdem, wie intensiv und wie beharrlich eine Aktivität aufrechterhalten wird, wenn Schwierigkeiten auftreten (Akbar und Hoffmann, 2016, S. 35).
Motivationsprozesse beginnen dann, wenn ein Motiv vorhanden ist, welches verfolgt wird. Ein Motiv, als erlebter Mangelzustand, kann zum einen biologisch determinierte Triebe wie Hunger, Durst und Sexualität darstellen aber auch komplexe und spezifische Wertungsdispositionen darstellen, wie Heckhausen und Heckhausen (2010) anmerken. Wertungsdispositionen bleiben über weite Teile der Lebensspanne stabil und werden durch situative Hinweise aktiviert. Motivation ist demnach vor allem in speziellen Situationen aktiv und initiiert dem Motiv zuträgliche Handlungen. Handlungen stellen dabei bewusste und willentlich ausgeführte Verhaltensweisen dar (Rudolph 2013). Die Markt- und Werbepsychologie hat den Anspruch, die Motive und Antriebe der Zielgruppe möglichst genau zu kennen, um den Verbraucher zum Kauf bestimmter Produkte zu motivieren.
Ein Beispiel für die Ausrichtung am Motiv der Zielgruppe sind die als biologisch nachhaltig produzierten Lebensmittel mit dem Qualitätssiegel "BIO". Zur Steigerung der Gewinnmargen bei Lebensmitteln wird beispielsweise das Motiv von ökologisch bewussten Personen genutzt. Das Wertesystem dieser

Personen ist geprägt von maximierter Nachhaltigkeit und einem würdevollen Umgang mit Pflanzen und Tieren. Anhand dieser spezifischen Wertungsdisposition wägen sie ihr Handeln ab. Neben ehrenamtlichen Tätigkeiten und nachhaltigem Umgang mit Ressourcen sind vor allem alternative Konsumgewohnheiten Ansatzpunkt vieler Marketingmaßnahmen. In der Einkaufssituation entsteht dann die Motivation, eher zu als „BIO" deklarierte Lebensmittel zu greifen, da diese ein, dem übergeordneten Motiv zuträgliches, Konsumgefühl erzeugen. Die Bereitschaft ist damit größer, hochpreisige Lebensmittel mit diesem Qualitätssiegel zu kaufen, worauf sich dahingehend die Gewinne der danach zertifizierten Unternehmen erhöhen.

Einstellung: Einstellungen sind als Ergänzung des Motivationsbegriffes um die kognitive Beurteilung eines oder einer Situation zu betrachten. In der Markt- und Werbepsychologie kommen sie vor allem als subjektiv wahrgenommene Eignung von Gegenständen zur Befriedigung einer Motivation vor. Kommunikationspolitische Maßnahmen zielen daher vor allem darauf ab, Einstellungen zu verändern, um die unterschiedlichsten Marketingziele zu erreichen (Kroeber-Riel, Gröppel-Klein, 2013, S. 191).

Man unterscheidet zwischen drei Einstellungsarten – den kognitiv basierten, die affektiv basierten und die verhaltensbasierten Einstellungen. Vor allem affektiv basierte Einstellungen bzw. Bewertungsprozesse sind für die Markt- und Werbepsychologie relevant, da sie auf Emotionen und Wertvorstellungen basieren (Akert, Aronson & Wilson, 2014, S. 219). Persuasive Kommunikationsmethoden eignen sich für die Beeinflussung affektiv basierter Einstellungen besonders gut, da sich diese schwer mit rationalen Argumenten verändern lassen. Durch die Darbietung peripherer (situative und emotionale) Hinweisreize gelingt es, emotionale Appelle an den Rezipienten zu richten (Asal, Fischer & Krueger, 2013, S. 91). Diese knüpfen durch ergreifende oder abschreckende Bilder oder Texte direkt an das Wertesystem des Menschen an Akert, Aronson & Wilson, 2014, S. 233). Beispielsweise zielen Plakatwerbungen für Spendenaufrufe mit Bildern von traurigen Kindern in Afrika darauf ab, die Einstellung des Rezipienten zu verändern und seine Spendenbereitschaft zu erhöhen. Solche Werbekampagnen zielen auf altruistische Wertvorstellungen des Menschen ab, die sich viele Personen nicht entziehen können bzw. Ihn zumindest zum Nachdenken bringen.

Aufgabe 2

Das Kaufverhalten kann in verschiedene Kaufentscheidungstypen systematisiert werden, die sich durch das Maß an kognitiver und affektiver Beteiligung einer Person, dem Involvement, unterscheiden. Entscheidungen mit stärkerer kognitiver Steuerung sind das extensive und das limitierte Kaufverhalten, Entscheidungen mit geringerer kognitiver Kontrolle das habituelle und das impulsive Kaufverhalten, welche jedoch mit einem erhöhten emotionalen Involvement einhergehen (Foscht, Swoboda, Schramm-Klein, 2015, S. 167).

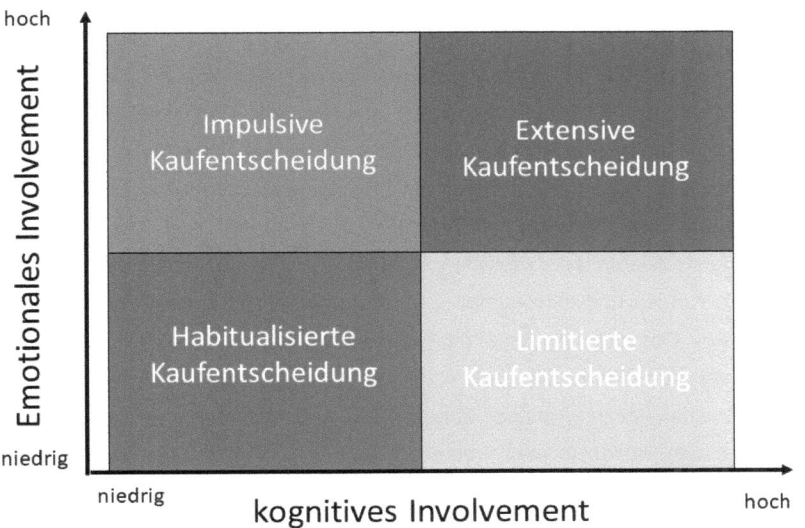

Abbildung 2: Zusammenhang zwischen Kaufverhalten und Involvement (Eigene Darstellung nach Kroeber-Riel/Gröppel-Klein 2013, S. 463)

Extensives Kaufverhalten: Dieser Kaufentscheidungstypus zeigt sich in Entscheidungssituationen, die mit einem großen sozialen, funktionalen oder finanziellen Risiko verbunden sind. Neben risikoreichen Investitionen wird dieses Verhalten ebenfalls gezeigt, wenn der Konsument noch keine oder kaum Erfahrungen mit dem Produkt gemacht hat (Hoffmann und Akbar, 2016, S. 107). Bezugnehmend auf Abbildung 2 geht dieses Kaufverhalten mit einer hohen kognitiven und emotionalen Beteiligung einher. Dies zeigt sich durch eine verstärkte Informationssuche über das Produkt und eine gewissenhafte Auswertung aller persönlich relevanten Optionen. Der Käufer durchläuft bewusst alle Phasen des Kaufentscheidungsprozesses (Hoffmann und Akbar, 2016, S. 47). Das Fünf-Phasen-Modell des Kaufprozesses besteht dabei aus der Problemerkennung, der Informationssuche, der Bewertung von Alternativen, der Kaufentscheidung an sich und dem Verhalten nach dem Kauf (Kotler und Bliemel, 2007, S. 355).

Extensives Kaufverhalten wird beispielsweise bei Kaufentscheidungen getroffen, die den Erwerb eines Eigenheimes betreffen. Im ersten Schritt nimmt der Käufer aus den unterschiedlichsten Gründen das Bedürfnis wahr, ein Haus zu kaufen. Diese Kaufentscheidung birgt ein hohes finanzielles Risiko, weswegen er einen hohen Informationsbedarf bei sich feststellt. Er greift dabei zuerst auf sein internes Wissen zurück und kommt zu dem Ergebnis, dass er wenige bis keine Erfahrungen zum Thema Hauskauf verfügt und demnach kein bewährtes Entscheidungsmuster abrufen kann (Solomon, 2016, S. 306; Kuß und Tomczak, 2007, S. 129). Erst dann wird er auf externe Informationen wie Makler, Freunde und Bekannte oder Onlineportale bzw. Blogs zurückgreifen (Kuß und Tomczak, 2007, S. 129). Während der Informationsrecherche kristallisieren sich Bewertungskriterien heraus und damit können Alternativen gefunden und miteinander verglichen werden (Hoffmann und Akbar, 2016, S. 46). Durch Anwendung von Entscheidungsregeln, wie der konjunktiven Regel, werden die in die engere Auswahl getretenen Alternativen anhand einer Kosten-Nutzen-Analyse überprüft, in welcher mehrere Produktattribute mit einem Mindestniveau versehen und miteinander verglichen werden. Das Angebot, welches die höchste Anspruchserfüllung gewährleistet, wie zum Beispiel ein ausgewogenes Preis-Leistungs-Verhältnis im Hinblick auf die Wohnfläche, wird ausgewählt (Kroeber-Riel/Gröppel-Klein, 2013, S. 402-403).

Limitiertes Kaufverhalten: Hat der Konsument bereits Erfahrungen mit Produkten gemacht, die einen hohen Informationsbedarf bei der Erstanschaffung auslösen, wird der Kaufprozess dementsprechend verkürzt durchlaufen. Vor allem die Phase der Informationsrecherche wird weniger bewusst durchlaufen. Kaufentscheidungen basieren, verglichen mit dem extensiven Kaufverhalten, auf einfachen, unkomplizierten Entscheidungsregeln und bedarf einer geringeren kognitiven und emotionalen Beteiligung (Hoffmann und Akbar, 2016, S.107). Die Informationsverarbeitung ist eingeschränkt, da der eigentliche Kaufprozess bei der Beurteilung von bereits bekannten Produktalternativen beginnt. Die Informationen aus dem sogenannten "evoked set" begrenzt die Informationsaufnahme und –verarbeitung, ohne dass eine Präferenzentscheidung vorliegt (Solomon, 2016, S. 306). Die Informationsverarbeitung selbst wird vom Anspruchsniveau gesteuert. Dem Konsumenten stehen bereits bewährte Entscheidungsmuster zur Verfügung. Durch die Verarbeitung von Schlüsselinformationen wird der Entscheidungsprozess vereinfacht (Foscht, Swoboda, Schramm-Klein, 2015, S. 172).

Ein Computerspieler, der überlegt, ob er sich einen neuen Gaming-PC kaufen soll, muss keine umfangreichen Informationsquellen bedienen, wie jemand, der das erste Mal einen solchen Computer erwirbt. Sein „evoked set" besteht bereits aus relevanten Herstellermarken. Ihm ist bekannt, auf welche technischen Komponenten er achten muss, um die beste Performance zu erreichen und demnach ein optimales Spielerlebnis zu erhalten. Die Suche nach Informationen erfolgt gezielter und bereits vorhandene Bewertungskriterien vereinfachen den Entscheidungsprozess. Das „evoked set" ist umso kleiner, je größer die Vertrautheit mit der Produktklasse ist, je zufriedener der Kunde mit einer Marke ist, je stärker die subjektive Markenloyalität ausgeprägt ist und wie präsent die Marke in der Gamingszene ist (Foscht, Swoboda, Schramm-Klein, 2015, S. 174). Bei der Markentreue dominiert eine positive bis leidenschaftliche Einstellung dem Produkt gegenüber, die der eines Gewohnheitskaufes weit übersteigt (Hoffmann und Akbar, 2016, S. 44).

Habitualisiertes Kaufverhalten: Die Kernmerkmale von habitualisiertem Kaufverhalten sind Routine und Gewohnheit, da die getroffenen Kaufentscheidungen regelmäßig wiederholt werden (Solomon, 2016, S. 108). Die erworbenen Produkte sind meistens kurzlebige Konsumgüter, sogenannte "Fast Moving Consumer Goods", die kurz nach dem Kauf verbraucht und wiedergekauft werden. Fast Moving Consumer Goods weisen, aufgrund des niedrigen Preisniveaus ein geringeres Involvement des Konsumenten auf (Kotler et. al., 2007, S. 495).

Die Entscheidungen, die, durch den wöchentliche oder gar täglichen, Kauf von Produkten getroffen wurden, haben sich in einem Lernprozess manifestiert. Das Entscheidungsmuster des "Gewohnheitskaufes" werden mit geringerem oder gar keinem bewussten Aufwand getroffen. Aufgrund der sich daraus ergebenden kognitiven Entlastung fließen nur noch wenige Beurteilungskriterien in den Kaufprozess hinein (Solomon, 2016 S. 306; Kuß/Tomcaz 2007 S. 147-148). Bei der Entscheidungsfindung wird sich demnach ausschließlich auf altbewährte Faustregeln verlassen. Diese Reaktivität ist eine Folge der daraus resultierenden kognitiven Steuerung (Foscht, Swoboda, Schramm-Klein, 2015, S. 175). Das Ergebnis des habitualisierten Entscheidungsverhaltens ist, dass oftmals identische Leistungen und Marken in gleichen Einkaufsstätten erworben werden (Dieterich, 1986, S. 18 ff.).

Habitualisierung entsteht durch drei verschiedene Arten. Bei der Habitualisierung durch eigene Gebrauchserfahrung stehen vor allem operationale Konditionierungsprozesse im Vordergrund. Beginnend als extensiver Kaufentscheidungsprozess, nimmt die mentale Kontrolle nach jeder positiven Anwendungserfahrung ab und das belohnende Kaufverhalten wird häufiger gezeigt (Foscht, Swoboda, Schramm-Klein, 2015, S. 176).

Bei der Habitualisierung durch Imitation werden Konsumgewohnheiten direkt übernommen und beeinflussen die Erst- und Wiederkaufwahrscheinlichkeit. Erwiesenermaßen weisen die Konsumgewohnheiten der Eltern, hinsichtlich des Kaufes von Gütern des täglichen Bedarfs, einen Zusammenhang zu denen der Kinder auf. Durch Sozialisationsprozesse übernehmen die Kinder die Konsumgewohnheiten ihrer Eltern (Foscht 2002, S. 50 ff.).

Habitualisierungsneigung kann jedoch auch durch die starke Ausprägung von spezifischen Persönlichkeitsmerkmalen häufiger auftreten. Die Vereinfachung der Lebensführung ist dabei eine Prädisposition, die sich in einem geringeren Engagement beim Einkauf und einer größeren Markentreue, als Ergebnis eines höheren Sicherheitsbedürfnisses, zeigt (Foscht 2002, S. 50 ff.).

Ein Beispiel für eine habitualisierte Kaufentscheidung liegt dann vor, wenn ein Konsument immer wieder dieselbe Markenbutter kauft. Dieses Fast Moving Consumer Good muss alle 1-2 Wochen nachgekauft werden, was der Konsument in der Regel auch immer an ein und derselben Einkaufsstätte kauft. Bereits die Eltern kauften diese Markenbutter (Habitualisierung durch Imitation) und auch der Konsument selbst präferiert diese Butter aufgrund des Geschmacks und der Streichfähigkeit (Habitualisierung durch eigene Gebrauchserfahrung). Der Konsument hat die Wahl zwischen Produkten unzähliger Hersteller deutscher Markenbutter, jedoch wirken die vorgefertigter Entscheidungsmuster wie ein Wahrnehmungsfilter, weswegen die Wahl immer wieder auf die bevorzugte Markenbutter fällt. In der Einkaufssituation herrscht oftmals eine geringe Entscheidungszeit vor. Aufgrund der geringen Preisklasse stellt die Butter ein sehr geringes finanzielles Risiko für den Konsumenten dar. Er benötigt das Produkt für seinen Alltag, weswegen sie ihm aus funktionalem Aspekt sehr wichtig ist (Solomon, 2016 S. 306; Kuß/Tomcaz 2007 S. 147-148).

Impulsives Kaufverhalten: Im Gegensatz zu habitualisierten Kaufentscheidungen gehen impulsive Kaufentscheidungen oftmals mit einer hohen Aktivierung einher. Sie zeichnen sich durch einen schnellen Ablauf aus und stellen ungeplante Reaktionen auf starke Reizsituationen dar. Aufgrund des hohen emotionalen Involvements unterliegen sie kaum gedanklicher Kontrolle. Emotionale Erregungszustände können kognitives Entscheidungsverhalten in dem Maße dominieren, dass ein extensiv begonnener Entscheidungsprozess zu einem impulsivem Kaufverhalten führen kann (Foscht, Swoboda, Schramm-Klein, 2015, S. 171).

Dieses unmittelbar reizgesteuerte Verhalten liegt darin begründet, dass der Konsument weitgehend automatisch auf dargebotene externe Reize reagiert. Solche konsumstimulierenden Reize treten in der Einkaufssituation in Form von

Produktplatzierungs- und -präsentation, dem Ausstellungsmaterial oder der Produktgestaltung an sich auf (Weinberg 1981, S. 164). Nicht nur äußere sondern auch innere Reize können impulsive Kaufentscheidungen initiieren. Psychologische Bedürfnisse wie die Sehnsucht nach affektivem Genuss werden versucht, durch den Konsum zu befriedigen. Aber auch Persönlichkeitsmerkmale prädisponieren impulsives Kaufverhalten. Vor allem das gemeinsame Auftreten von einer hohen Impulsivität im Gegensatz zu einer geringen Reflektivität geht mit einer erhöhten Reaktivität einher, welches kognitive Steuerungsmechanismen weniger wirksam machen (Foscht, Swoboda, Schramm-Klein, 2015, S. 177).

Impulsives Kaufverhalten kann nach Stern (1962) in vier Ausprägungen vorliegen. Man unterscheidet dabei die reinen Impulskäufe, erinnerungsgesteuerte und geplante Impulskäufe sowie Impulskäufe durch Überredung (Stern 1962, S. 59 f.).

Ein reiner Impulskauf liegt vor, wenn eine Abweichung hinsichtlich vorhandener rationaler Kaufmuster aufritt und eine neue emotionale Kaufhandlung durchgeführt wird. Erinnerungsgesteuerte Impulskäufe treten auf, wenn der Konsument in der Einkaufssituation durch den Anblick eines Produktes an einen Bedarf erinnert wird. Geplante Impulskäufe treten auf, wenn sich der Konsument in die Einkaufssituation begibt, um ein bestimmtes Produkt zu kaufen und bereit ist, auch andere Produkte spontan zu erwerben, wenn diese beispielsweise durch attraktive Angebote kostengünstiger zu erwerben sind. Ein Impulskauf durch Überredung tritt auf, wenn die erstmalige Konfrontation mit Produktreizen einen Bedarf beim Konsumenten weckt.

Impulsives Kaufverhalten ist oftmals eine Form der habituellen Kaufentscheidung, da gerade erinnerungsgesteuerte Impulskäufe das Ergebnis von Lernprozessen darstellt (Solomon, 2016, S. 306; Kuß/Tomcaz, 2007, S. 147-148).

Einkaufsstätten von Lebensmitteleinzelhändler nutzen die hohe Beteiligung von emotionalen Prozessen von Impulskäufen gezielt bei der Produktplatzierung. Kalorienreiche Süßigkeiten und Snacks sind beispielsweise immer an den Supermarktkassen. Die Lebensmittel sind gut sichtbar und mit auffallender farblicher Gestaltung im Verkaufsregal angeordnet. Sie sind in kleinen

Stückzahlen und Portionsgrößen ausgestellt und sprechen das Bedürfnis des affektiven Genusses nach Zucker und Fett im Menschen an. Auch psychoaktive Substanzen wie Alkohol und Tabak sind dort erhältlich. Diese Lebensmittel ermöglichen eine schnelle Triebabfuhr, wenn man hungrig oder durstig ist; Alkohol und Tabak versprechen schnelle Entspannung bei Stress (Köck, 2019).

Aufgabe 3

Die Marktforschung ermöglicht es Unternehmen, betriebsinterne und externe Probleme, die die Erreichung von Marketingzielen behindern, zu identifizieren und zu lösen. Sie umfasst dabei alle zielbezogenen und planmäßigen Maßnahmen der Informationsgewinnung und -aufbereitung (Kirchgeorg und Wübbenhorst, 2013, S. 104). Informationen werden durch das systematische Sammeln, Aufbereiten, Analysieren und Interpretieren von Daten über Märkte gewonnen, um Entscheidungsgrundlagen zu fundieren (Homburg, 2017, S. 250). Marktforschung ist notwendig, um den Konsumenten und die Öffentlichkeit durch Informationen mit dem Produkthersteller miteinander zu verbinden. Unternehmen benötigen stichhaltige Informationen über Kunden und Märkte, um Produkte nach den Kundenwünschen herzustellen und zielgruppengerecht zu vermarkten (Kreis, Kuß, Wildner, 2017, S. ´ f.). Das bedeutet, dass Marktverhältnisse bekannt sein müssen, auf denen das Unternehmen agieren will (Battenfeld, Buhr, Olbrich, 2012, S 9). Zu kontinuierlich durchgeführten Marktbeobachtungen für die Entwicklung Marktgrößen und Marktanteilen, kommen oftmals anlassbezogene Einzeluntersuchungen zum Tragen, um einzelne Marktphänomene zu untersuchen, wie zum Beispiel Produkttests oder Segmentierungsanalysen (Kreis, Kuß, Wildner, 2017, S. 1). Durch Datenauswertungen können Marketingchancen und -probleme erkannt werden, dazugehörige Maßnahmen entwickeln, zu modifizieren und deren Erfolg zu überprüfen (Kreis, Kuß, Wildner, 2017, S. 2). Empirische Untersuchungen zielen demnach darauf ab, die Entwicklung von zielgruppengerechten Produkten und Dienstleistungen voranzutreiben (Battenfeld et. al., 2012, S. 9).

Quantitative Forschung: Quantitative Untersuchungen arbeiten, im Gegensatz zu qualitativen Untersuchungen mit weitaus größeren Stichproben, um verallgemeinerbare Aussagen treffen zu können. Je größer die Stichproben, desto mehr gleichen die erhobenen Daten randomisierte Abweichungen und Schwankungen aus und erlauben so die Generierung von Durchschnittswerten, Verteilungen und Häufigkeiten (Solomon, Bamoss, Askegaard, 2001, S. 48-53). Die Verallgemeinerung von Daten erlaubt es, Einzelpersonen miteinander vergleichen zu können. Je nach Untersuchungsgegenstand und Messverfahren werden die Untersuchungsobjekte in Gruppen beziehungsweise Clustern zusammengefasst, denen quantitative Messwerte zugeordnet werden können (Kreis, Kuß, Wildner, 2017, S. 20).

Der Zweck von gezielten Erhebungen empirischer Daten liegt in der Prüfung von Hypothesen. Die darin enthaltenen Konstrukte werden operationalisiert und können so in numerischen Zahlen ausgedrückt werden. So können Einstellungen, Verhalten oder andere Variablen des Konsumenten messbar gemacht werden (Hoffmann und Akbar, 2016, S. 18). Für die Datenerhebung kommen folgende Methoden in Form von Befragungen zum Einsatz: mündlich-persönlich geführte Interview, schriftliche Erhebungen, Mehrthemenumfragen, Erhebungen am Einkaufsort, Online-Befragungen, Laboruntersuchungen, Testkäufe bzw. Testanrufe oder Beobachtungen für die Erhebung von konkretem Verhalten zum Einsatz. Bei Umfragen bzw. Befragungen kommen oftmals geschlossene Fragen zum Einsatz, bei denen die Probanden mehrere Antwortmöglichkeiten haben (Hoffmann und Akbar, 2016, S. 18). Die geschlossenen Fragen der Präferenz- beziehungsweise Skalierungsfragen sind bestimmten Zahlen zugeordnet und können mithilfe statistischer Analyseverfahren, wie Signifikanzprüfungen, ausgewertet werden. Im Gegensatz zu naturwissenschaftlichen Messungen, sind statistische Zusammenhänge oftmals nicht in der Lage, ein Verhalten mit hundertprozentiger Wahrscheinlichkeit vorherzusagen ((Hoffmann und Akbar, 2016, S. 19).

Ein Anwendungsbeispiel für quantitative Untersuchungsmethoden sind die Online-Befragungen, die momentan vor YouTube-Videos geschaltet werden und vor dem Video ein Fenster schalten. Diese Befragungen werden von Google im Auftrag von Unternehmen durchgeführt und dienen dazu, Kundenpräferenzen bezüglich Produkte unterschiedlicher Marken zu erfassen. Es wird eine Vielzahl an Daten erhoben, die nach dem Befragungszeitraum aufbereitet und interpretiert werden können. Neben der Beantwortung der konsumbezogenen Fragen geben die Teilnehmer aufgrund ihrer Google-Konten personenbezogene Daten preis, die dafür verwendet werden, statistische Zusammenhänge noch deutlicher herausstellen zu können. Das Ziel dieser Umfrage ist beispielsweise das Prüfen der vorher als Hypothese angenommene Markenbekanntheit von Produkt XY bzw. deren Zu- oder Abnahme in einem bestimmten Zeitraum und unter der Personengruppe der 18 bis 25-Jährigen.

Für die Interpretation der Daten lassen sich quantitative Untersuchungsmethoden in zwei weitere Forschungsansätze unterteilen. Im Folgenden werden die deskriptive und die kausale Forschung näher vorgestellt.

Deskriptive Forschung: Deskriptive Untersuchungsdesigns zielen darauf ab, eine vorher festgelegte Grundgesamtheit, wie zum Beispiel Personen oder Haushalte bestimmter Merkmalsausprägungen zu erfassen, um ein Untersuchungsproblem zu beschreiben. Diese Untersuchungsprobleme können beispielsweise Markenpräferenzen oder Verbrauchshäufigkeit eines Produktes umfasst (Kreis, Kuß, Wildner, 2017, S. 11). Einer der verbreitetsten Verwendungszwecke von deskriptiven Untersuchungsmethoden liegt in der Analyse von Märkten und Marktsegmenten. Zusammenhänge zwischen Variablen werden identifiziert, analysiert und Korrelationen werden ermittelt, um empirisch abgesicherte Marktentwicklungsprognosen machen zu können (Kreis, Kuß, Wildner, 2017, S. 32). Aus deskriptiven Marktforschungsuntersuchungen können demnach auch Hinweise auf kausale Wirkungszusammenhänge gewonnen werden, welche wiederum zur Bildung von Untersuchungshypothesen herangezogen werden können. Mittels weiterer

Untersuchungen sind dann die ermittelten Wirkungszusammenhänge und Untersuchungshypothesen zu prüfen (Battenfeld et. al., 2012, S. 255).

Es müssen zwei methodische Anforderungen an deskriptive Untersuchungsdesigns erfüllt sein. Zum einen müssen sie repräsentativ sein. Das bedeutet, dass möglichst präzise Angaben über die Grundgesamtheit durch die Auswahl der richtigen Stichprobe getroffen werden müssen. Zum anderen müssen systematische Fehler in der Durchführung durch die genaue Festlegung des Vorgehens und sorgfältige Kontrollen des Untersuchungsablaufs ausgeschlossen sein (Kreis, Kuß, Wildner, 2017, S. 33).

Zwei Untersuchungsarten sind die Querschnittsuntersuchung und die Längsschnittuntersuchung.

In Querschnittsuntersuchungen werden, bezogen auf einen bestimmten Zeitpunkt, quantifizierende Aussagen über eine bestimmte Grundgesamtheit getroffen und deren Merkmale beschrieben (Kreis, Kuß, Wildner, 2017, S. 11). Durchgeführte Querschnittuntersuchungen bieten außerdem Interpretationsgrundlagen für früher oder später durchgeführte Untersuchungen, um diese miteinander zu vergleichen (Kreis, Kuß, Wildner, 2017, S. 41).

In Längsschnittuntersuchungen werden dynamische Phänomene im Zeitablauf durch die Erhebung entsprechender gleichartiger Daten an mehreren Zeitpunkten gemessen. Im Vordergrund stehen hier die Entwicklung und Veränderungen von Merkmalen in einem bestimmten Zeitablauf (Kreis, Kuß, Wildner, 2017, S. 11). Hier stehen weniger die Werte von relevanten Messgrößen im Vordergrund sondern eher um deren Entwicklung im Zeitablauf. Solche Veränderungen geben Aufschluss darüber, ob das Unternehmen für kommende Risiken gewappnet ist und/oder ob es aufkommende Chancen rechtzeitig erkennen und nutzen kann (Kreis, Kuß, Wildner, 2017, S. 42).

Werden in einem festgelegten Zeitraum wiederholt oder kontinuierlich die gleichen Merkmale innerhalb einer gleichbleibenden Grundgesamtheit erhoben, spricht man von einer Panel-Untersuchung. Die Beschreibung beschränkt sich damit auf, im Vorfeld spezifizierte Größen (Battenfeld et. al., 2012, S. 50).

Das im letzten Kapitel angebrachte Beispiel der Online-Umfrage durch Google gilt durch die vorgefertigten Antwortmöglichkeiten als deskriptives Erhebungsinstrument. Eine mögliche Fragestellung im Forschungsdesign könnte hierbei sein: „Welche Einstellung weisen YouTube-Nutzer zum Produkt der Marke XY im Gegensatz zur Grundgesamtheit der Konsumenten von Produkt der Marke XY auf? Durch die vorgegebenen Antwortmöglichkeiten können statistisch fundierte Rückschlüsse gezogen werden. Abhängig davon, ob die Veränderung der Markenbekanntheit über einen vorgegebenen Zeitpunkt untersucht wird (Längsschnittstudie) oder zu einem bestimmten Zeitpunkt (Querschnittstudie) können die darin gewonnen Erkenntnisse in Bezug zu anderen Untersuchungen gesetzt werden, worin das Ergebnis eine Hypothese bestätigen oder verwerfen wird.

Kausale Forschung: Steht das Aufdecken von Wirkungszusammenhängen im Vordergrund einer Untersuchung spricht man von kausalanalytischen Marktforschungsuntersuchungen. Diese haben zum Ziel Untersuchungshypothesen, welche kausale Wirkungszusammenhänge unterstellen, zu bestätigen oder zu widerlegen (Battenfeld et. al., 2012, S. 255) Der kausale Forschungsansatz untersucht die ursächlichen Zusammenhänge von unterschiedlichen marketingrelevanten Konstrukten, welche auch als Kausalität bezeichnet wird. Diese Kausalität soll untersucht und quantifiziert werden (Kirchgeorg und Wübbenhorst, 2013, S. 81 f.). Das Konzept der Kausalität beschreibt dabei einen Wirkzusammenhang, dass bei der Veränderung einer bestimmten Variablen sich eine andere Variable als Ergebnis der getroffenen Maßnahme verändert. Wenn ein Unternehmen Verständnis für die kausalen Beziehungen in ihrem Markt entwickeln, dann kann es optimale Entscheidungen treffen (Lehmann, Gupta, Steckel, 1998, S. 143). Die Beziehungen werden in ein mathematisches Gleichungssystem überführt und die einzelnen Parameter anhand empirischer Daten ermittelt. Im Anschluss werden die überprüften Hypothesen verifiziert, verworfen und oder angepasst (Kirchgeorg und Wübbenhorst, 2013, S. 81 f.).

Aufgrund dessen, dass sich Kausalbeziehungen zwischen zwei Phänomenen mathematisch aufeinander beziehen, muss der Zusammenhang dieser Konstrukte immer theoretisch erklär- und nachvollziehbar sein, um sicherzustellen, dass es sich nicht nur um ein zufällig beobachtetes Phänomen handelt (Hunt, 2002, S. 127 f.).

Die verbreitetste kausale Forschungsmethode ist das Experiment. Dies kann entweder in Form von Laborstudien, unter künstlich geschaffenen Bedingungen oder im Feldstudium, also im realen Umfeld durchgeführt werden. Derartige Versuche müssen aufgrund der Objektivität wissenschaftlicher Untersuchungen immer unter kontrollierten Bedingungen durchgeführt werden. Jeder Proband muss den gleichen Untersuchungsaufbau vorfinden, damit die Ergebnisse vergleichbar sind. Eine oder mehrere Variablen werden so manipuliert, dass die Wirkungen dieser Manipulationen auf eine oder mehrere andere, abhängige Variablen gemessen werden können (Kreis, Kuß, Wildner, 2017, S. 12). Der Einfluss von unkontrollierbaren Faktoren muss dabei ausgeschlossen sein (Singh, Göritz, Moser 2015, S. 164). In einem Experiment wird die zuvor hypothetisch definierte Ursache unter kontrollierten und wiederholbaren Bedingungen gezielt variiert. Der Forscher beobachtet im Anschluss, ob sich die erwartete Wirkung einstellt.

Um Aussagen über Ursache-Wirkungs-Zusammenhänge treffen zu können, müssen sozialwissenschaftliche Experimente so geplant werden, dass Störfaktoren und damit alternative Erklärungen ausgeschlossen werden können. Wir müssen uns also zunächst fragen, unter welchen Bedingungen wir auf Kausalität schließen können. Ein Beispiel für eine kausale Forschungsfrage wäre, ob die Erhöhung des Kakaogehaltes in einer Schokolade zu einem höheren Absatz führt. Die kausalanalytische Untersuchungshypothese würde lauten: „Eine Erhöhung des Kakaoanteils um 10 % hat eine Absatzsteigerung um 10 % zur Folge.". Eine mögliche Untersuchungssituation wäre es, zwei Einkaufsstätten herauszusuchen, die sich in Stadtteilen mit ähnlicher Bevölkerungsstruktur befinden. In der einen Einkaufsstätte wird die herkömmliche Schokolade weiterhin vertrieben. In der anderen Einkaufsstätte wird die neue Schokolade mit 10 Prozent mehr Kakaoanteil angeboten. Zuerst ist es wichtig, dass eine Korrelation zwischen der angenommenen Ursache und der angenommenen Wirkung vorliegen. Es wird in diesem Beispiel angenommen, dass ein höherer Kakaoanteil zu einem authentischerem Schokoladengeschmack führt und demnach zu einem stärkeren Absatz aufgrund des Geschmacks führt. Zweitens müssen alle Störeinflüsse ausgeschaltet sein, die die Wirkung beeinflussen könnten. In diesem Fall könnte beispielsweise eine Preisreduzierung der Schokolade mit mehr Kakaoanteil zu einem verfälschten Untersuchungsergebnis führen. Als dritter Punkt ist es wichtig, dass die Ursache zeitlich vor der Wirkung auftreten muss. Das bedeutet, dass vorher keine Werbemaßnahmen oder ähnliche aufmerksamkeitserregende Bewerbung des Produktes vorliegen darf, wie beispielsweise eine auffälligere Verpackung. Die Absatzdifferenz beider Schokoladen wird nach einem festgelegten Zeitraum erhoben. In der Auswertung wird dann festgestellt, ob die Produktveränderung zu einer Absatzerhöhung geführt hat.

Literaturverzeichnis:

Kroeber-Riel, W./Gröppel-Klein, A. (2013), Konsumentenverhalten (10. Aufl.) München: Vahlen

Foscht, T. & Swoboda, S. & Schramm-Klein, H. (2015), Käuferverhalten. Wiesbaden: Springer

Berlyne, D. E. (1974). Konflikt, Erregung Neugier. Zur Psychologie der kognitiven Motivation. Stuttgart: Klett.

Brosch, T. & Eder, A. (2017) Emotion und Motivation. In: J. Müsseler & M. Rieger (Hrsg.). Allgemeine Psychologie (Aufl. 3). Springer: Berlin-Heidelberg, 186-217

Bagozzi, R. P., Gopinath, M., & Nyer, P. U. (1999). The role of emotions in marketing. Journal of the Academy of Marketing Science, 27(2), 184–206. https://doi.org/10.1177/0092070399272005

Gerrig, R. J. (2016): Psychologie, 20. Aufl., München.

Akbar, P. & Hoffmann, S. (2016) Konsumentenverhalten: Konsumenten verstehen – Marketingmaßnahmen gestalten (1. Aufl.) Wiesbaden: Springer Aronson, E. & Wilson, T. D. & Akert, R. M. (2014). Sozialpsychologie (8. Aufl.) Hallbergmoos: Pearson
Rudolph, U. (2013). Motivationspsychologie kompakt. Berlin: Beltz.

Heckhausen, H., & Heckhausen, J. (2010). Motivation und Handeln. Berlin: Springer.

Asal, K. & Fischer, P.& Krueger, J. (2013) Sozialpsychologie für Bachelor (1. Aufl.) Berlin Heidelberg: Springer

Kotler, P.; Keller, K.; Bliemel, F. (2007). Marketing-Management: Strategien für wertschaffendes Handeln, 12., aktualisierte Auflage, München: Pearson Studium.

Solomon, M. R. & Bamossy, G. J. & Askegaard, S. (2001), Konsumentenverhalten – der europäische Jarit. München: Pearson

Kuß, A./Tomczak, T. (2007) Käuferverhalten. Eine marktorientierte Einführung (4. Aufl.) Stuttgart: Lucius

Homburg, C. (2015) Marketingmanagement. Strategie – Instrumente – Umsetzung – Unternehmensführung (5. Aufl.) Wiesbaden: Springer

Dieterich, M. (1986): Konsument und Gewohnheit, Heidelberg.

Solomon, M. (2016) Konsumentenverhalten. (11. Aufl.). Hallbergmoos: Pearson

Foscht, T. (2002): Kundenloyalität – Integrative Konzeption und Analyse der Verhaltens- und Profitabilitätswirkungen, Wiesbaden.

Weinberg, P. (1986): Nonverbale Marktkommunikation, Heidelberg.

Stern, H. (1962): The Significance of Impulse Buying Today, in: Journal of Marketing, 26. Jg., Nr. 2, S. 59-62.

Köck, K. (2019) 5 Verkaufstricks, welche zum Impulskauf führen. Abgerufen am 06. Dezember 2019 von https://ready2order.com/de/post/impulskauf/#gref

Kirchgeorg, M., Wübbenhorst, K. (2013) 333 Keywords Marktforschung: Grundwissen für Manager (1. Aufl.). Wiesbaden: Springer

Kreis, H. & Kuß, A. & Wildner, R. (2017) Marktforschung – Datenerhebung und Datenanalyse (6. Aufl.) Wiesbaden: Springer

Homburg, C. (2017). Marketingmanagement (6. Aufl.). Wiesbaden: Springer Gabler.

Lehmann, D., Gupta, S., & Steckel, J. (1998). Marketing research. Reading: AddisonWesley. Sudman, S., & Blair, E. (1998). Marketing research – a problem solving approach. Boston: McGraw-Hill.

Hunt, S. (2002). Foundations of marketing theory. Armonk: M. E. Sharpe.

Singh, R. K. & Göritz, A. S. & Moser, K. (2015) Methoden der psychologischen Marktforschung. In: K. Moser (Hrsg.) Wirtschaftspsychologie. Berlin-Heidelberg: Springer, 161-178

Battenfeld, D., Buhr, C.-C., Olbrich, R. (2012) Marktforschung (1. Aufl.) Heidelberg-Berlin: Springer

BEI GRIN MACHT SICH IHR WISSEN BEZAHLT

- Wir veröffentlichen Ihre Hausarbeit,
  Bachelor- und Masterarbeit

- Ihr eigenes eBook und Buch -
  weltweit in allen wichtigen Shops

- Verdienen Sie an jedem Verkauf

Jetzt bei www.GRIN.com hochladen
und kostenlos publizieren